PENSAMIENTO

POSITIVO

Una guía para el crecimiento personal para
alcanzar sus metas y triunfar en la vida

(Las 5 mejores cosas del pensamiento positivo,
felicidad, y psicología de la vida)

Carlo Nino

Publicado Por Jason Thawne

© **Carlo Nino**

Todos los derechos reservados

Pensamiento Positivo: Una guía para el crecimiento personal para alcanzar sus metas y triunfar en la vida (Las 5 mejores cosas del pensamiento positivo, felicidad, y psicología de la vida)

ISBN 978-1-989891-10-0

Este documento está orientado a proporcionar información exacta y confiable con respecto al tema y asunto que trata. La publicación se vende con la idea de que el editor no esté obligado a prestar contabilidad, permitida oficialmente, u otros servicios cualificados. Si se necesita asesoramiento, legal o profesional, debería solicitar a una persona con experiencia en la profesión.

Desde una Declaración de Principios aceptada y aprobada tanto por un comité de la American Bar Association (el Colegio de Abogados de Estados Unidos) como por un comité de editores y asociaciones.

No se permite la reproducción, duplicado o transmisión de cualquier parte de este documento en cualquier medio electrónico o formato impreso. Se prohíbe de forma estricta la grabación de esta publicación así como tampoco se permite cualquier almacenamiento de este documento sin permiso escrito del editor. Todos los derechos reservados.

Se establece que la información que contiene este documento es veraz y coherente, ya que cualquier responsabilidad, en términos de falta de atención o de otro tipo, por el uso o abuso de cualquier política, proceso o dirección contenida en este documento será responsabilidad exclusiva y absoluta del lector receptor. Bajo ninguna circunstancia se hará responsable o culpable de forma legal al editor por cualquier reparación, daños o pérdida monetaria debido a la información aquí contenida, ya sea de forma directa o indirectamente.

Los respectivos autores son propietarios de todos los derechos de autor que no están en posesión del editor.

La información aquí contenida se ofrece únicamente con fines informativos y, como tal, es universal. La presentación de la información se realiza sin contrato ni ningún tipo de garantía.

Las marcas registradas utilizadas son sin ningún tipo de consentimiento y la publicación de la marca registrada es sin el permiso o respaldo del propietario de esta. Todas las marcas registradas y demás marcas incluidas en este libro son solo para fines de aclaración y son propiedad de los mismos propietarios, no están afiliadas a este documento.

TABLA DE CONTENIDO

PARTE 1 1

INTRODUCCIÓN 2

CAPÍTULO UNO - TOMA ESTO, POR EJEMPLO 5

CAPÍTULO DOS - ¿ATANDO AGUJETAS? 8

CAPÍTULO TRES - PROFUNDIZANDO 17

CAPÍTULO CUATRO - CITANDO A ALGUIEN 20

CAPÍTULO CINCO - LAS CAPAS PARA DESCUBRIR 21

CAPÍTULO SEIS – ¡NO MÁS ATADO DE AGUJETAS, POR FAVOR! 34

    Parte Dos 43
    Parte Tres 46

CONCLUSIÓN 54

PARTE 2 56

INTRODUCCIÓN 57

CAPÍTULO 1: ¿CÓMO FUNCIONA EL PENSAMIENTO POSITIVO? 60

CONSEJOS PARA DESARROLLAR EL PENSAMIENTO POSITIVO 63

CAPÍTULO 2: BENEFICIOS DEL PENSAMIENTO POSITIVO .. 68

CONSTRUYE LA SALUD FÍSICA 68

DISMINUYE LOS NIVELES DE ESTRÉS 69

MEJORA LAS RELACIONES 71

MEJORA EL ENFOQUE 73

CONSTRUYE MAYOR CONFIANZA EN SÍ MISMO Y AUTOESTIMA 74

AYUDA A VIVIR UNA VIDA DE ABUNDANCIA 75

- CONDUCE A CARRERAS MÁS GRATIFICANTES 77
- RECUPERARSE SE VUELVE FÁCIL 79
- CAPÍTULO 3: LO QUE LOS PENSAMIENTOS NEGATIVOS Y POSITIVOS LE HACEN A SU MENTE 81
- CÓMO EL PENSAMIENTO POSITIVO LE DA PODER 84
- SE EMPIEZA A VALORAR MÁS 86
- CREE EN SÍ MISMO 88
- SE VULEVE DETERMINADO 90
- SE VUELVE CREATIVO 91
- CAPÍTULO4: EL PODER DEL PENSAMIENTO POSITIVO 93
- PENSAMIENTO POSITIVO Y FÍSICA CUÁNTICA 98
- CAUSAS DEL PENSAMIENTO POSITIVO 100
- CAPÍTULO 5: EJERCICIOS PARA LA POSITIVIDAD 104
- CREA EN QUE PUEDE CAMBIAR 105
- EMPIECE DESDE EL PRINCIPIO 106
- SEA CONSCIENTE DE LA NEGATIVIDAD 107
- DEJE DE CATASTROFIZAR 108
- FILTRAR Y POLARIZAR 109
- UTILICE LA RESPIRACIÓN 109
- ALIMENTE LA MENTE 110
- ESTABLEZCA LO POSITIVO 111
- ENSEÑE Y AYUDE A LOS DEMÁS 112
- MUÉSTRESE AGRADECIDO 113
- GRANDES BENEFICIOS FÍSICOS 114
- CAPÍTULO 6: CUANDO LO POSITIVO PUEDE SER NEGATIVO 118

CONCEPTOS ERRÓNEOS SOBRE EL PENSAMIENTO POSITIVO 118

OBSTÁCULOS PARA EL PENSAMIENTO POSITIVO 119

CAPÍTULO 7: CÓMO RESOLVER LOS PROBLEMAS PERSONALES 126

CONCLUSIÓN 130

Parte 1

Introducción

El pensamiento positivo tuvo una mala racha en años pasados.

Desde entonces ha sido reemplazado por la vitalidad de la inteligencia emocional, los avances de la Programación Neurolingüística, e inclusive inventos hechos por el pensamiento metafísico avanzado. Y ese es solo la punta del Iceberg de información que se opone al pensamiento positivo.

Este eBook va a regresar la importancia del pensamiento positivo exponiendo sus raíces, las raíces olvidadas.

Esta fresca perspectiva no es fácilmente aparente ante los ojos de todos.

Pero como verás, merece ser señalada y aún más importante, que se ponga en práctica.

Antes de adentrarnos en esto, una

preocupación debe ser disipada.

¿Esto será un recortado conteo de décadas de conocimiento?

Quizás.

Lo que sigue es una descripción de un proceso interno que cada uno de nosotros posee. Este proceso aún no ha sido etiquetado... o quizás sí, pero con otro nombre.

En una era donde todo es sobre ser humano ha sido separado en partes medibles, categóricas y referenciadas, este eBook será más un mapa oral de orientación mental.

Los mapas mentales no son algo nuevo.

El contenido aquí será útil. Y seguirá una trayectoria que muchos libros no se atreven por una razón u otra.

Para algunos de ustedes, esta información

será fresca y excitante. Para otros podría ser práctica. Cualquiera que sea el beneficio que se busca, esto fue escrito por una razón... ayudar extraer más de la simplificación del pensamiento positivo.

Entonces empecemos.

Tú, querido lector, ¡vas a amar lo que viene a continuación!

Capítulo Uno - Toma esto, Por Ejemplo

Para empezar esta pequeña aventura, en una o dos palabras, por favor escribe una destreza o habilidad en la que sobresalgas. Para ayudarte, he agregado una frase con un espacio en blanco aquí abajo para que lo completes.

Aquí esta:

Yo sé cómo _____

Ahora, identifícalo como una destreza, talento o habilidad.

Escríbelo.

Para ser más claro, un ejemplo podría ser: Yo sé cómo amarrar las agujetas.
Adicionalmente, esto podría llamarse como destreza de dedos o destreza de agilidad.

Eso fue fácil.

Te agradezco por haberlo hecho si lo hiciste. Es importante para el entendimiento del pensamiento positivo.

Me he dado cuenta de que aún no es obvio, pero lo será.

Lo que sigue podría sorprenderte o ser un buen recordatorio.

Cualquiera que sea el resultado, el contenido aquí no sufrirá en lo más mínimo de ser leído.

Así que continuemos con lo que ya empezamos.

Entonces, lo que sabes hacer ya ha sido identificado en papel.

Ahora, veamos lo que has escrito.

Esto es una tarea, una destreza, habilidad, ¿o talento?

Por favor velo otra ve y dale una descripción. Agrégale algo. Continua.

Si has parado, está bien.

Ahora lo que has hecho es lo que todos los humanos pueden hacer. Y eso es identificar una sola cosa en la que eres muy bueno y etiquetarla.

Ahora que el acto de referenciado está completado, profundicemos.

Pero antes de que sigamos adelante, te invito a pausar un momento para considerar porque escribiste lo que escribiste. Si no puedes pensar en nada, está bien. Regresaremos a esto más adelante en este eBook.

Consideremos un ejemplo de hacia dónde va todo esto y cómo se relaciona al pensamiento positivo. Después, regresaremos a la lista de tus notas y relacionaremos para que todo tenga sentido.

Capítulo Dos - ¿Atando Agujetas?

(Advertencia - esta sección es redundante en el propósito. Por favor léase cuidadosamente)

Tomemos el enunciado "Soy bueno en atar agujetas," de la sección anterior.

Esta será la base para explicar el pensamiento positivo en los próximos dos capítulos.

Si, esto es un poco raro, pero verás cómo se aclara todo muy pronto.

Por favor continúa leyendo.

(Por favor nota: Es mal entendido que las agujetas han sido reemplazadas por zapatos de desliz y tenis basados en Velcro)

Sin embargo, estamos resaltando una particular destreza que se tiene que aprender de niño.

Aquellos que saben sobre amarrar agujetas recordarán que cuando las dos cuerdas estaban desatadas en los zapatos, entorpecía.

Desde la perspectiva de un niño no parece que al zapato le importe o pudiera sufrir si nada se le hace a esas cuerdas.

Pero, un padre o un modelo parental nos enseñó diferente. Hay una razón por la cual se debe aprender a amarrar esas dos cuerdas en cada zapato.

Era sobre que los zapatos se quedaran puestos mientras se caminaba, corría, brincoteaba, escalaba o se brincaba. De hecho, cualquiera que tuviera los zapatos sin atar pudo haber intentado actividades y descubrió que los zapatos no se quedaban puestos con las agujetas desamarradas.

Amarrarlas tomó una particular

importancia y función.

¿Qué tiene que ver esto con el pensamiento positivo?

Todavía nada, pero nos estamos acercando.

Revisemos que las cuerdas desamarradas llevaban descontinuar la actividad. Mencioné que esto sería redundante, pero la razón es permanecer enfocado.

En aras de este ejemplo, diremos que tú eres esta persona con las agujetas desamarradas de los zapatos y el intenso movimiento físico significó que tus zapatos se salieran.

Entonces digamos que eres experimentado en atar agujetas.
Un simple cruce de cuerdas, hacia abajo, una vuelta y atrás se convirtió en la práctica, hasta que se mantuvo.

Una vez fijo, el zapato se mantuvo puesto.

Y tú hiciste lo mismo con el otro zapato.

Nada más se tuvo que hacer.

Pudiste haber batallado al encontrar una técnica efectiva de amarre que funcionara mejor que otra.

Pero encontraste el triunfo con esta experimentación que hiciste, sin importar cómo te sentiste y lo descifraste. Al final, los zapatos se quedaron puestos.

Pronto, estabas bien entrenado atando cuerdas en múltiples maneras por diferentes razones, expandiendo tu base de conocimiento.

Antes de que te dieras cuenta, cualquier par de zapatos con agujetas que te pusieras estaban asegurados unos momentos después de haberlos puesto.

¿Porqué?

Porque el simple pensar haber descifrado

como amarrar esas cuerdas te empujó a seguir sin importar las historias de ataduras fallidas, el número de reintentos, experimentar diferentes métodos de atar, etc. Eventualmente aprendiste más de una manera de combinar esas agujetas para que se sujetaran al máximo y te beneficiaste de la constante práctica.

¿Ahora que tiene que ver esto con el pensamiento positivo?

Pues, mira a tus resultados por un momento.

Tus zapatos están puestos. Estos permanecen ahí hasta que te los quitas. Entre esas dos actividades, te empoderaste a ti mismo con nueva seguridad para moverte a caminar, correr, brincotear y más.

Pensar en todo esto y hacer algo al respecto te trajo hasta este punto.

Más pertinente a nuestra discusión, el

pensamiento positivo te trajo hasta este punto, sin importar la dificultad para masterizar el atar dos agujetas a cada zapato.

¿Cómo?

Enserio, piénsalo por un momento.

No importa qué edad tenías cuando lo hiciste. Simplemente lo hiciste.

¿Se ha desmoronado mi argumento?¿Te sentiste frustrado, enojado, inseguro o incluso intimidado a renunciar cuando intentaste atar esas malditas agujetas?

¿Dónde está el pensamiento positivo en ese proceso?
Bueno, lo seguiste intentando.

Cuando continuaste, tu mente te hizo masterizar esta actividad de atarte las agujetas de los zapatos. Y cuando lo lograste, se tornó natural. No solo se hizo natural, expandiste tus habilidades de atar esas agujetas. Te pusiste creativo. Jugaste con las posibilidades.

Ahora atarte los zapatos puedes considerarlo divertido.

Una vez más, revisemos porqué es así.

Tu mente lo pensó, antes que tú.

El pensamiento de fracaso es la única razón que haría atar las agujetas imposible. ¿O qué tal no pensar en el atarse los zapatos del todo?

Sí el pensamiento de hacerlo no estuviera ahí, la habilidad o destreza de atar agujetas no hubiera llegado tan lejos.

¿Correcto?

Sí has continuado hasta aquí, sabes que esto sería correcto.

Sí atarse las agujetas fuera una habilidad real que supieras que has masterizado y eres bueno, pensamientos naturalmente buenos vendrían con esa habilidad reconocida.

Los pensamientos crearon el triunfo que disfrutas cuando las atas.

Esto es positivo.

Si

Atar las agujetas fue posible con el pensamiento positivo.

¡Pero espera!

Nota como el aprender a atarse las agujetas no tuvo nada que ver con aplaudirse, charlas motivacionales, afirmaciones repetidas, sugerencias repetidas u otras actividades aparentemente "positivas".

¿Qué hizo que atarse las agujetas fuera una actividad exitosa y cómo el pensamiento positivo te trajeron hasta este punto?

¿Fue el escuchar y ver videos de autoayuda y leer libros motivacionales?¿Fueron personalidades de la TV alentándote?¿O fueron amigos y familiares apoyándote en cada esfuerzo de aprender cómo atarse las agujetas?

¿No?

¿Entonces que fue?
En este punto, querido lector, podrías verte tentado a sustituir el pensamiento positivo con la persistencia, auto creencia, perseverancia, esfuerzo continuo, una gran actitud, etc.

Y solo hablar sobre cada una de esas fantásticas cualidades, este libro se convertiría en una enciclopedia. Y como este libro está enfocado en el pensamiento positivo, profundicemos en lo que hace positivo el pensar "positivamente" y subrayar lo que hemos descubierto con atarse las agujetas.

Capítulo Tres - Profundizando

Ahora que ya hemos discutido la atadura de agujetas completamente e insinuado sobre el pensamiento positivo en el proceso, es tiempo de explorar el pensamiento positivo en su forma más simple.

Listado abajo de están las capas subyacentes que le dan al pensamiento positivo su poder.

Cada tema será explorado, discutido y demostrado como una pieza fundamental dentro el pensamiento positivo.

Aquí está nuestra lista de piezas del pensamiento positivo:

El pensamiento

El problema por resolver

Las opciones detrás de la solución

La solución, habilidad, talento, etc.

La recompensa

La gratificación continua

Nótese que aún no hemos tocado nada relacionado a la psicología o algo basado a la sociedad.

En realidad, vamos a definir el pensamiento positivo desde el punto de vista de la resolución de problemas.

Mientras ofrezco este tipo de explicación, esta podría invitarte a la crítica abierta, querido lector.

Incluso podrías querer arremeter contra el autor por no explicar las cosas de una manera más simple e inspirativa. Es decir, podrías preguntarte, "Qué pasa con Dios, los ángeles, los libros edificantes, videos y personalidades que han explicado el pensamiento positivo?"

Eres libre de explorar todo eso.

El objetivo de este eBook es explorar una base para el pensamiento positivo, tal como ocurre en la mente humana.

Lo que sigue suplica toda tu atención porque le hablará a la mente de cualquiera...es decir, la tuya y la mía.

Capítulo Cuatro - Citando a Alguien

"A dónde los pensamientos van, el cuerpo y la mente los sigue" - Autor desconocido

"Termínalo!" - Larry, El chico del cable

"Solo hazlo!" - Nike

Las citas de arriba te insinúan el mensaje completo del libro.

Toma un momento, hazte un té o una bebida, esto está a punto de ponerse intenso.

Capítulo Cinco - Las Capas para Descubrir

(Este capítulo es también algo redundante.)

El pensamiento positivo tiene sus raíces.

Empiezan como semillas y crecen.

Hay seis semillas que subrayar aquí para nuestros propósitos.

Abajo las listamos:

1. El pensamiento mismo

2. El problema por resolver

3. Las opciones detrás de la solución

4. La solución, habilidad, talento, etc.

5. La recompensa

6. La gratificación continua

Con todo lo listado, empecemos con...

1. El pensamiento mismo.

¿Qué es el pensamiento?

Investigando en línea le permite a cualquiera encontrar la definición del pensamiento como: una idea u opinión producida por el pensar o que ocurre súbitamente en la mente.

Esto es algo simple y directo.

Ahora, veamos la siguiente semilla.

2. El problema por resolver

Definamos la palabra "problema"

Una consulta en internet nos da esta definición de la palabra "problema" - Un asunto o situación considerada como no deseada o dañina y que necesita ser tratada y superada.

Cuando paramos ahí por un momento, una definición bipartita emerge del pensamiento positivo.

Entonces, cuando unimos dos definiciones, obtenemos esto:

Una idea u opinión producida por el pensamiento o que ocurre súbitamente en la mente puede resolver un asunto o situación considerada como no deseada o dañina que necesita ser tratada y superada.

¿Te percataste de la única palabra agregada a esta oración?

Es la palabra "puede."

Por Favor relee una vez más.

Una idea u opinión producida por el pensamiento o que ocurre súbitamente en la mente puede resolver un asunto o situación considerada como no deseada o dañina que necesita ser tratada y superada

La palabra "puede" es un verbo que indica que un pensamiento puede resolver un problema.

Si no se añade nada más que eso, es suficiente para decirse que el pensamiento resuelve problemas.

¿Esto es pensamiento positivo?

Si lo es.

Pero aún no hemos terminado.

Aún tenemos otros detalles para explorar porque todos estos están vinculados.

Ya lo verás.

Así que una vez más, esto es lo que hemos descubierto hasta aquí.

Una idea u opinión producida por el pensamiento u ocurrida súbitamente en la mente puede resolver un asunto o situación considerada como no deseada o dañina que necesita ser tratada y superada

Necesitamos agregar algo más a esta explicación revisitando nuestra lista.

Aquí hay algunos aspectos remanentes más para ser discutidos:

>Las opciones detrás de la solución

>La solución, habilidad, talento, etc.

>La recompensa

>La gratificación continua

Las opciones detrás de la solución del problema con nuestros pensamientos pueden hacerse muy compleja con mucha rapidez. Y explorar esto a profundidad es un tema de otro libro.

Por esta razón, mantendremos tres opciones cuando implementemos una solución.

Estas son:

>a. Solucionarlo de cualquier forma

habida lo más pronto posible.

> b. Dejar que el problema persista y permitir que muestre sus fallas y exponga sus soluciones con el tiempo

> c. Permitir que el problema permanezca sin solución

¿Recuerdas el ejemplo de atar agujetas?

¿Cuál de las tres opciones mencionadas aplica al ejemplo de atarse las agujetas?

Sí dijiste que la opción "a", esa sería correcta.

¿Pero qué tal si se usaron las opciones "b" y "c"?

Sí se usó la opción "b", entonces el pensamiento positivo pudo no haber sido muy claro. Esto sería verdad ya que el acto de atar las agujetas se supone que previene que los zapatos se salgan durante alguna actividad. Y esta respuesta es demasiado pasiva. En otras palabras, esperar por una solución no habrían hecho que esas agujetas se ataran en algún punto.

Sí se tomó la opción "c", las agujetas hubieran sido ignoradas permanentemente y andar descalzo o usar cualquier otro zapato pudo ser la opción elegida...

¿Cuál es el punto de deletrear esto?

Las opciones "b" o "c" nunca se agregarían al pensamiento positivo tal cual se ha definido aquí.

Revisemos nuestra propia definición de pensamiento positivo una vez más.

Dice:

Una idea u opinión producida por el pensamiento u ocurrida súbitamente en la mente puede resolver un asunto o situación considerada como no deseada o dañina que necesita ser tratada y superada

Ahora agreguemos una oración de continuidad: y solucionada de cualquier manera lo más pronto posible.

Nuestra explicación del pensamiento positivo ahora se transforma en esto:

Una idea u opinión producida por el pensamiento u ocurrida súbitamente en la mente puede resolver un asunto o situación considerada como no deseada o dañina que necesita ser tratada, superada <u>y solucionada de cualquier manera lo más pronto posible</u>.

Ahora, el pensamiento positivo está tomando un sentido de urgencia.

Sin embargo, nada de esto funciona sin una habilidad, destreza, talento, etc agregada que se aplique a nuestra definición.

Eso nos lleva a detallar una habilidad, talento, etc. para llevar esta explicación de pensamiento positivo a un territorio de resolución de problemas y una definición más completa.

Hagamos una pausa por un momento y revisemos lo que has listado en tus notas.

¿Tu destreza soluciona un problema pensándolo?

Las posibilidades son que si lo hace.

Ahora que tenemos nuestra destreza, talento o habilidad identificado…. o por lo menos la tuya.

Esto completa bastante nuestra definición de pensamiento positivo.

Esto es lo que quiero decir.

Una idea u opinión producida por pensar o surge repentinamente en la mente puede resolver un asunto o situación que se considera no deseada o dañina, y es necesario que sea tratado <u>y superado y resuelto de cualquier forma o forma, tan pronto como sea posible</u> con (TU HABILIDAD MENCIONADA AQUÍ).

¿Ves cómo esta explicación se completa un poco más?

Si es así, eso es bueno.

Agreguemos el siguiente asunto a nuestra lista.

La recompensa.
Muy bien, la presencia de la recompensa sugiere que una solución no solo es posible si no que es muy probable que pase.

La recompensa también significa que el pensamiento que generó la solución reveló una destreza, habilidad, talento, etc., que resolvió ese problema, tal como fue cruzar agujetas en varias direcciones para lograr un nudo que mantuviera los zapatos en los pies durante una actividad.

La recompensa en nuestro ejemplo sería el caminar, correr, brincar, escalar, etc con los zapatos en su lugar.

Además, esto inevitablemente conduce a la gratificación continua de poder siempre atarse las agujetas para mantener los zapatos en su lugar sin importar la actividad...repetidamente, cada vez que te pongas los zapatos.

Esta es la manera en que el pensamiento positivo llevó a la exitosa atadura de agujetas y a sus recompensas.

Ahora, nuestra descripción de <u>pensamiento positivo</u> se convierte en esto:

Una opinión o idea producida por pensar o que ocurre súbitamente en la mente que soluciona un asunto o situación que se considera no deseada o dañina, y es necesario que sea tratado y superado y resuelto de cualquier forma o forma, tan pronto como sea posible con (atarse las agujetas) para que el resultado deseado pueda ser alcanzado, mantenido y continuado.

Esto completa nuestro análisis de pensamiento positivo.

¿O quizás no?

Podríamos parar aquí, pero esta descripción del pensamiento positivo está pidiendo más sustancia.

En otras palabras, necesita más aporte de valor.

Capítulo Seis – ¡No Más Atado de Agujetas, Por favor!

Parte Uno

Hagamos una revisión de lo que el pensamiento se ha convertido con nuestra explicación.

Es una opinión o idea producida por pensar o que ocurre súbitamente en la mente que soluciona un asunto o situación que se considera no deseada o dañina, y es necesario que sea tratado y superado y resuelto de cualquier forma o forma, tan pronto como sea posible con (tu destreza) para que el resultado deseado pueda ser alcanzado, mantenido y continuado.

Hablemos sobre sobre tu destreza, habilidad o talento por un momento. ¿Qué es lo que puedes usar de la definición dada?

Regresemos a tu talento, habilidad, destreza, etc. particular que escribiste.

¿Qué puedes agregar a la lista?

Todos los humanos tienen capacidad y habilidades que son muy valiosas.

Sigue adelante y enlista unas cuantas más.

Detalla que problemas del mundo real solucionan.

Después toma la frase antes mencionada e inserta tu destreza en ella.

Hazla tuya. Repalabréala si lo deseas y ponla en una frase que tenga sentido para ti.

Esta sugerencia demuestra el poder de lo que hemos construido en este pequeño libro.

Además, cuando algo es tuyo y entiendes

completamente su valor, cualquier cosa buena puede pasar. Esto significa que cualquier cosa que hagas con tus destrezas pueden un acto de grandeza.

Cuando usas la definición de pensamiento positivo de esta publicación, formamos un camino mental único y práctico. Esto se debe a que las capas de pensamiento positivo ya no tienen que estar separadas.

Esto significa que todo lo que hemos discutido se ha homologado bastante bien.

Pero esta aventura nuestra aún no termina.

No debería terminar aquí.

Cualquier cosa que hayas leído sobre el pensamiento positivo apunta a controlar pensamientos para poder mantener cabeza fría y vigilar todo lo que hacemos y decimos.

En otras palabras, hablemos del pensamiento positivo en otro nivel.

Conforme tú y yo apliquemos nuestras destrezas a solucionar problemas y aprovechemos los repetitivos beneficios, los obstáculos seguirán siendo un reto para nuestras soluciones.los obstáculos pueden literalmente ser cualquier cosa.

Pueden ser comentarios repetidos comentarios de la gente que conocemos y que no conocemos para intentar convencernos. O podemos ser extremos y decir que a gran escala tragedias como tormentas, temblores, etc. pueden causar que nuestras vidas paren. Y también está todo lo intermedio entre esos dos extremos.

Además de abordar todos los obstáculos concebibles, categorizarlos todos y aplicar pensamiento positivo, sería mejor simplemente usar métodos que sean efectivos contra cualquier cosa a lo que nos enfrentemos.

¿Es esto una varita mágica proverbial que se postula como la respuesta a todos los malos y males?

No.

Hay numerosos métodos de pensamiento positivo que dan oportunidad de crecimiento. Muchos métodos podrían ser listados aquí convirtiendo esta publicación en un libro de texto.

En lugar de meternos en cada posibilidad concebida para contrarrestar un obstáculo, debemos confiar en nuestra mente para enfocarnos. Esto quiere decir que usemos lo sé es simple.

La vida nos manda distracciones a cada momento.

¿Crees que nuestra mente puede manejar la sobrecarga de información durante las veinticuatro horas del día?

Lo dudo.

Así que es importante mencionar que cada obstáculo que enfrentamos es una oportunidad de crecimiento.

Y la mejor manera de luchar (entre otras cosas) es usar la definición y aplicación del pensamiento positivo resaltada en este corto libro.

¿Porqué?

La definición del pensamiento positivo que hemos establecido en este eBook simplemente funciona.

Las destrezas que tenemos solucionan problemas.

Punto.

Y entre más pensemos de esta manera; menos pensaremos sobre los obstáculos mismos.

Te compartimos una cita que arroja luz

sobre la aplicación social de usar nuestra definición de pensamiento positivo

"El mayor temor en el mundo es la opinión de los demás. Y en el momento en que no temes a la multitud, ya no eres una oveja, eres un león. Un gran rugido se eleva en tu corazón, el rugido de la libertad." Osho

Hablemos sobre esto por un momento.

Cuando tenemos un problem para solucionar, a veces el problema es la parte fácil de aborda. La parte difícil puede ser la gente con la que tienes que trabajar para resolver el problema.

Ahora, no estoy diciendo que las personas son el problema. Estoy diciendo que la comunicación efectiva entre las personas puede ser un problema.

Entonces, saber cómo manejarlas es importante.

Adicionalmente, es sobre el manejo de tu

mente, emociones y emociones apropiadas con la gente que son clave a la solución. Cuando te manejas apropiadamente con aquellos quienes pueden ayudar, el problema que quieres solucionar se solucionará.

La cita arriba subraya como las opiniones nos afectan.

En el momento en el que sobrepasamos las opiniones y trabajamos con las personas de una manera honesta, obtendremos nuestra solución.

¿Es así de fácil?

Bueno, ese es libro para otra ocasión. Supongamos en este momento que así lo es.

¿Obtener una solución será gratificante?

En muchos de los casos, debería serlo.

Esto debería añadirse al entendimiento de

que el pensamiento positivo crece con los otros y se construye en sí mismo.

Esto crea una realidad que todos deberíamos disfrutar.

Sin embargo, permanezcamos realistas. Los desacuerdos y falta de comunicación son inevitables porque todos tenemos diferentes opiniones.

¿Esto significa que ignoremos todas las opiniones como lo sugiere la cita de Osho?

No.

Habrá una opinión que mueva un grupo hacia una meta común.

Pero la actividad conversacional para solucionar un problema usualmente expone todo tipo de retrasos poropinión.

Entonces, hablemos sobre el pensamiento positivo relacionado al trabajo con los demás.

Parte Dos

¿Qué crees sobre ti mismo?

Toma un minuto aquí y piensa.

¿Qué crees sobre ti mismo?

Escríbelo aquí.

_____
_____

_____
_____

O usa un cuaderno.

Se muy honesto contigo mismo.

Solamente tú sabrás la respuesta a esta pregunta

Espera un minuto; deberíamos estar hablando sobre el pensamiento positivo y su relación con el trabajar con gente.

Si lo haremos.

Pero hacer esto inicia con el creer en ti mismo primero.

Ok, wow… te estarás preguntando porqué no empezamos con esto al principio de este libro.

Pues, todo lleva un orden.

Y hemos llegado a este punto porque es relativamente fácil usar nuestra definición actual del pensamiento positivo cuando se refiere a soluciones prácticas de problemas.

Ahora usemos otro ejemplo.

Se necesita un poco de pensamiento positivo para resolver el mal aliento al cepillarse los dientes y usar enjuague bucal.Obtener un aliento fresco y dientes limpios es un resultado del pensamiento positivo.

Pensaste en hacerlo porque resolvía un olor desagradable de la boca y un color desagradable en los dientes.

No tuvo nada que ver con las personas ayudándote a cepillarte los dientes y usar enjuague bucal.

Digamos que alguien que conoces necesita cepillarse los dientes y enjuague bucal porque su aliento huele

Digamos que tu opinión sobre la higiene bucal es apasionada y que las otras personas no les importa.

El olor te repele y detiene tu ambición de solucionar un problema con esta persona.

Esta persona decide ahorrar dinero al no cepillarse o enjuagarse, por lo que te obliga a lidiar con su decisión.

¿Ahora qué?

Pues, mantenlo simple, si tú crees en ti mismo y en tu habilidad de persuadir a alguien más a tener higiene bucal, entonces este caso está resuelto.

Si tú careces de creencia en ti mismo y a tu habilidad de persuadir a alguien, cualquier objetivo que necesites solucionar con esa persona peligra o se detiene.

Ahora, la cita de Osho no nos ayuda mucho, ¿o sí?

¿Qué hacer?

Parte Tres

¿Ahora lo único que tienes que hacer es que esta persona tenga higiene oral y el esfuerzo de resolución de problema se renovaría, cierto?

Si.

Pero si la creencia en ti mismo es baja y no te permite pensar que persuadiendo a esta persona funcionaría, el problema permanecería y el pensamiento positivo pararía.

Este ejemplo es deliberadamente poco serio, pero ilustra un punto importante, que es:

1. Lo que crees de ti mismo dirige cada decisión que hagas

Exploremos algunas opciones para persuadir (esta lista no está completa)

1. Pide a alguien que haga algo

2. Ofrécele información que se relacione con su decisión para que haga una decisión informada.

3. Demandacooperación

Ahora de estas opciones no son todas las opciones disponibles. Esta lista esta lista está reducida al mínimo para ilustrar la simplicidad porque los acercamientos simples funcionan en casi todas las situaciones. No todas las conversaciones con las personas son un experimento social o psicológico. Pero todas las conversaciones entre las personas es una oportunidad de comunicación clara. Pero se reduce a la cooperación de dos personas, lo cual es todo un nuevo libro por sí mismo. Así que hay que mantenernos y veamos la opción tres y subamos a través de la lista de opciones.

¿Si demandamos cooperación de esta persona para que se cepille los dientes, crees que eso comunica autoconfianza y persuasión apropiada (para que el pensamiento positivo avance)?

Probablemente no. A la gente no le gusta

que le demanden cosas. Y eso no comunica efectivamente autoconfianza a largo plazo.

Si decidimos ofrecer información sobre qué tan saludable es cepillarse los dientes y mencionar como promueve una buena impresión, posiblemente no obtengamos cooperación tampoco. Cuando se informa a las personas, no toman acción, a menos que tenga valor emocional y beneficio inmediato. Eso puede significar una conversación larga. Podría funcionar, pero queremos algo suficientemente efectivo para ser usado siempre. Preparar discursos constantemente para persuadir no es la mejor manera de hacerlo. Es demasiado impráctico.

Ahora si le pedimos a una persona que haga algo, hay una mejor posibilidad de que nos digan que sí. En la mayoría de las situaciones esto te llevará a donde quieres, considerando que un tono amable es usado, se acompaña de una entrega verbal considerada y una sonrisa. En la mayor parte de casos, las personas responderán bien a esta opción.

Así que, si hacemos referencia a la cita de Osho, ¿qué significa dejar ir el impacto de la opinión de los otros? Por ejemplo, si alguien es abiertamente terco o beligerante sobre cooperar y parece que ninguna medida del pensamiento positivo podría ayudar, entonces estar libre de esta persona tendría sentido completamente. Una vez más, esto presunta que tienes esta opción. Y los ejemplos pueden extenderse por siempre.

Ahora, entiende, esto no es de ninguna manera un libro de psicología.

Así que querido lector antes de que reclames que estoy sobre simplificando, me voy a declarar culpable del cargo.

Hay una razón para todo esto.

Simples estilos de comunicación y pensar positivamente te dan resultados cuando las personas se juntan para resolver problemas.

Todo lo positivo se construye en conjunto. Todo lo negativo lo derrumba.

Para propósitos de este libro, todo lo positivo se construye en conjunto porque no hay otra manera de hacerlo.

Es muy realista porque situaciones como esta pasan todo el tiempo, fuera de nuestra vista entre personas que no conocemos y jamás hemos conocido. Y eso es algo seguro de pensar y creer porque personas como tú y yo nos unimos aquí como autor y lector, trabajando juntos. Tú elegiste este libro para abordar una preocupación o problema. Yo anticipé y escribí esto para ti. Tú resulta que lo estás leyendo ahora y quizás estás solucionando un problema ahorita usando el conocimiento de este libro.

¿Ahora lo ves?

Podemos confiar cosas como estas están pasando en toda la tierra porque los humanos inherentemente quieren ser vistos como buenas personas y realmente trabajar juntos por un bien común.

Nada puede ser más positivo que eso

Entonces sumemos.

Y usaremos nuestra defición completa del pensamiento positivo para hacerlo.

Aquí está una última vez:

Pensamiento Positivo

Una idea u opinión producida por el pensamiento o que súbitamente ocurre en la mente que soluciona un asunto o situación que es considerada como no deseada o dañina, y que necesita ser tratada y resuelta de cualquier forma posible con (tu destreza*) para que el resultado deseado pueda ser alcanzado, *mantenido y continuado.*

Adicionalmente, hemos discutido como persuadir a alguien para que trabaje con nosotros y avance en las habilidades de solución de problemas.

Por ahora deberías ver una fotografía formándose de dos personas combinando sus destrezas, habilidades o talentos para producir una solución como respuesta a un problema.

Esto se extiende a tres o más personas, e incluso a grupos también.

Las visiones resultantes nos acercan gentilmente a nuestro tema.

* Atarse las agujetas o tu habilidad de escritura o habilidad del capítulo uno.

Conclusión

Regresemos hasta el principio en la primera página y hablemos sobre tu destreza, habilidad, talento listado.

Y, hagamos algunas preguntas sobre todo lo que has leído.

¿Ves cómo tu destreza, talento o habilidad se afianzó por primera vez como algo que tu mente sostenía?

¿Ves cómo ese pensamiento te decía que siguieras usando esa destreza, habilidad o talento, sin importar las condiciones adversas para que resultara?

¿Comprendes cómo cada capa del pensamiento positivo que discutimos era un proceso interno que ya estaba en tu cerebro?

¡Tú activaste la energía usando el pensamiento positivo!

El resto de tus recursos de inteligencia produjeron ese pensar y transformaron esa destreza, habilidad, talento, etc. en una realidad consistente.

Luego agregamos como una sugerencia una técnica de persuasión para agregar valor y sustancia a nuestro esfuerzo.

Esto proporcionó poder adicional a nuestro pensamiento positivo, para recompensa continua y éxito constante.

Así que, querido lector, este eBook hizo una proclamada sorprendente revelación o era algo que ya sabías.

Gracias.

Parte 2

Introducción

¿Está su vida llena de preocupaciones y ansiedad? ¿Se siente desanimado y carece de confianza en sí mismo y de autoestima? Puede estar llenando su mente con pensamientos negativos todo el tiempo y no sabe qué debe hacer. Este libro es el secreto bien guardado que ha estado buscando por todo este tiempo. No pare de leer este libro porque está escrito para ti por un experto que ha estado en este relevante campo por años.

El pensamiento positivo es la noción que tienes la habilidad de alterar tu vida pensando sobre cosas positivas. Estudios han revelado también que el pensamiento positivo tiene un aspecto científico. No tiene poder de cambiar el mundo, pero tiene la habilidad de cambiar cómo lo ve y reacciona ante él. Consecuentemente, cuando cambias, se sentirá mejor de sí mismo así como de los demás que lo rodean.

Las emociones negativas están diseñadas para ayudarnos a sobrevivir. Tales emociones nos permiten tomar medidas rápidas y efectivas para rescatarnos cuando estamos en peligro. Además, también evitan que nos desilusionemos con lo que nos rodea.

El pensamiento positivo se refiere a una actitud mental y emocional que se concentra en el lado optimista de la vida y espera resultados positivos. Una persona que es positiva anticipa ser feliz, teniendo una perfecta salud y éxito. Además, las personas positivas creen que pueden superar cualquier obstáculo o dificultad. Lo triste es que el pensamiento positivo no es aceptable para todos; otros lo consideran sin sentido y critican a aquellos que lo siguen. Sin embargo, un número creciente de personas han aceptado el pensamiento positivo como un hecho y creen que es efectivo.

Este pensamiento positivo está ganando popularidad, pero haciendo uso de este en su vida personal; tiene que estar más que alerta de su existencia. Debe adoptar la actitud de pensar positivamente en lo que sea que haga.

Capítulo 1: ¿Cómo funciona el pensamiento positivo?

Puede que solicite un nuevo trabajo, pero no crea que lo obtendrá. Es posible que tenga baja autoestima y se considere a sí mismo como un fracaso y no digno de éxito. Esto quiere decir que tiene una actitud negativa hacia sí mismo y como resultado, piensa que los otros solicitantes son mejores y mucho más calificados que usted.

En su mente, ya ha anticipado el fracaso por los pensamientos negativos y miedos sobre el trabajo. El día de la entrevista, se despierta tarde y desorganizado. Todo esto debido a la forma en que determina su mente. Tiene que aprender a cómo convertir sus sueños en realidad con técnicas simples. Haga su vida mejor, encuentre el amor, atraiga dinero y crea éxito. Desde que fue a la entrevista sin preparación y muy tenso, no consiguió el trabajo.

Ahora, veamos a una persona diferente que puede que haya aplicado para el mismo trabajo que usted. Su enfoque es diferente al suyo. Él fue optimista sobre conseguir el trabajo, casi seguro. Antes de la entrevista, se preparó y fue a la cama temprano. El día de la entrevista, se levantó más temprano de lo usual, tuvo suficiente tiempo para desayunar y por lo tanto, llegó a la entrevista antes del horario establecido. Él hizo una buena impresión y consiguió el trabajo.

¿Qué nos enseña esto? Demuestra que todo sucedió de forma natural.

Cuando tenemos una actitud positiva, experimentamos sentimientos placenteros y felices. En consecuencia, nuestros ojos se iluminan más; contamos con más energía y felicidad. Debería saber también que afectamos y nos vemos afectados por la gente que conocemos. Esto pasa inconscientemente a través de las palabras, el lenguaje corporal, los pensamientos y los sentimientos. Esta es la razón por la que todos quieren estar cerca de personas positivas y evitar a las negativas.

Cuando somos positivos, las personas están más inclinadas a ayudarnos. Los pensamientos, palabras y actitudes negativas crean sentimientos negativos, así como de estados de ánimo y comportamiento infelices. Cuando tenemos mentes negativas, los venenos se liberan en el torrente sanguíneo y causan más infelicidad y negatividad. De esta manera, nos dirigimos al fracaso y la decepción.

Consejos para desarrollar el pensamiento positivo

Para usted volver su mente hacia lo positivo, el esfuerzo interno es necesario porque la actitud y pensamientos no cambian de la noche a la mañana.

- Lea sobre el pensamiento positivo, conozca sus beneficios y convénzase para intentarlo. El poder de sus pensamientos es poderoso y está constantemente dándole forma a su vida. Lo hace en su vida inconscientemente; sin embargo, es posible hacer el proceso conscientemente. No tiene nada que perder intentándolo.

- No le de importancia lo que otros digan o piensen de usted una vez que se den cuenta que ha cambiado su manera de pensar.

- Haga uso de su imaginación para visualizar solo las situaciones que son favorables y beneficiosas.

- Utilice palabras positivas en su diálogo interior o cuando está hablando con los demás.

- Forme un hábito de sonreír más porque esto ayuda en su pensamiento positivo.

- Tan pronto como un pensamiento negativo le venga a la mente, debe reconocerlo y trabajar para reemplazarlo por uno constructivo. A medida que se acostumbre a esto, su mente aprenderá cómo pensar positivamente y cómo ignorar los pensamientos negativos.
- En caso de que experimente resistencia interna y dificultades para reemplazar los pensamientos negativos, no se dé por vencido, sino trate de mirar solo los pensamientos beneficiosos y felices que tiene en mente.
- Sus circunstancias actuales no importan. Sea positivo en su pensamiento y siempre espere buenos resultados.

- Otro método útil es la repetición de afirmaciones.

Algunos beneficios del pensamiento positivo son:

- Reduce el estrés diario.
- Mejor salud.
- Incrementa su seguridad.
- Vida más larga.
- Vida más feliz.

Recuerde siempreque, ¡lo que vive hoy es un resultado de sus pensamientos de ayer y lo que vivirá mañana es el resultado de sus pensamientos de hoy!

¿Qué es exactamente el pensamiento positivo? Puede sentir la tentación de asumir que el pensamiento positivo significa ver el mundo como perfecto ignorando los aspectos negativos que existen. Por el contrario, el pensamiento positivo significa el pensamiento positivo significa enfrentar los desafíos de la vida con una mente positiva.

El pensamiento positivo consiste en aprovechar al máximo las situaciones malas, tratando de ver lo mejor en los otros así como viéndose a sí mismo y sus habilidades desde una perspectiva positiva.

Los términos pensamiento positivo y psicología positiva a veces se usan indistintamente; sin embargo, no significan lo mismo. El pensamiento positivo es ver las cosas desde una perspectiva positiva, mientras que la psicología positiva está más inclinada al optimismo.

Capítulo 2: Beneficios del pensamiento positivo

Su capacidad de ver el lado más brillante de las cosas tiene un montón de espléndidos beneficios. Un estado de ánimo positivo puede llevar a una reducción del estrés, a un pensamiento más creativo y a un mayor entusiasmo para alcanzar sus objetivos. Si todo es luz de sol en el patio trasero de su mente, tratará los fracasos como escalones hacia el éxito, buscará soluciones a los problemas, se sentirá más inspirado para crear la vida de sus sueños y aprenderá a detectar oportunidades.

Construye la salud física

El pensamiento positivo no solo nutre su mente, sino también su corazón. Según la investigación en el Boletín Psicológico, el pensamiento positivo está estrechamente relacionado con la salud del corazón y reduce considerablemente el riesgo de enfermedades relacionadas con el corazón, a pesar de la edad y las condiciones físicas.

El pensamiento positivo es más que estar de buen humor. El optimismo tiene una influencia directa en nuestras células inmunitarias para ayudar a ser menos susceptibles a las enfermedades y vivir más tiempo. Haga de la positividad su arsenal definitivo para combatir enfermedades y lleve una vida más saludable.

Disminuye los niveles de estrés
El pensamiento positivo ayuda a reducir

los niveles de estrés y mejora su bienestar general. Cuando sus pensamientos están centrados en la positividad y la bondad, cree que lo tiene en usted para lograr un resultado más positivo para cualquier situación dada. Se empieza a enfocar en todas las posibilidades.

Cuando una persona se centra se enfoca en lo que es posible o lo que ellos quisieran crear idealmente, eliminan los pensamientos negativos o todo eso que pudiera ir mal. Esto no solo reduce el estrés, sino que también aumenta la posibilidad de ayudarlo a lograr el resultado deseado, lo que nuevamente reduce el estrés. ¿No es el estrés causado cuando dudamos de nuestras capacidades?

¿Cuándo comienza la gente a estresarse por pagar las cuentas o por no tener suficiente dinero? Esto sucede cuando las personas creen que no tienen el dinero o que no pueden ganar suficiente dinero. De manera similar, el estrés en las relaciones ocurre cuando empezamos a creer que las cosas simplemente no funcionan. Si cree que va a disfrutar una relación feliz y sana, no se estresará por ello. Simplemente hará todo lo necesario para disfrutar de una relación sana y satisfactoria. Por lo tanto, los pensadores positivos experimentan menos dudas y niveles de estrés para disfrutar de una vida más productiva y sin problemas.

Mejora las relaciones

Es fácil de sentirse bien con las personas

positivas por la energía contagiosa de sentirse bien que crean a su alrededor. Además, como todo lo demás en la vida, las personas positivas experimentan una mayor satisfacción en sus relaciones porque eligen centrarse en sus virtudes. Los pensadores positivos también trabajan más duro para construir relaciones significativas. También se conducen más efectivamente en las relaciones debido a sus pensamientos constructivos y su mentalidad optimista.

Cuando elige operar con un estado de ánimo positivo, observa las cosas buenas de las personas en lugar de sus debilidades. Esto le permite experimentar una mayor intimidad y comprensión en las relaciones.

Mejora el enfoque

El pensamiento positivo le ayuda a concentrarse en encontrar soluciones, en lugar de obsesionarse con los problemas. Aprendes a deshacerte de los patrones de pensamiento negativo y de los que matan el tiempo, y en su lugar, desarrolla soluciones más creativas que eliminan el problema. El pensamiento constructivo mata los pensamientos negativos que distraen la atención y le ayuda a enfocarse en abordar cada problema o situación con una mentalidad orientada a la solución.

Las personas de pensamiento positivo pueden mantener sus ojos fijos en el panorama general o en una perspectiva más amplia, lo que les ayuda a identificar soluciones en vez de estar envueltos en problemas. Mientras que las personas negativas muestran una visión corta al concentrarse solo en los problemas, los optimistas canalizan su energía para cumplir objetivos más grandes.

Construye mayor confianza en sí mismo y autoestima

Los pensadores positivos, a pesar de todas las probabilidades prevalecientes, muestran una fe absoluta en sus habilidades. Creen en su verdadero potencial y en su capacidad para alcanzar el éxito. Estas personas están más cómodas en su piel y orgullosas de sus logros. Se dan cuenta de que, aunque no pueden controlar todo lo que les sucede, pueden controlar su reacción y hacer que cualquier situación les resulte útil.

Los pensadores positivos operan desde un punto en el que creen en su poder para lograr un objetivo imposible, que refleja la confianza con la que se conducen. Esto no es solo un falso sentido de orgullo o ego. Es una creencia inquebrantable en su capacidad para crear la vida de sus sueños. Los pensadores positivos no se preocupan por los "qué pasaría si". Simplemente salen y hacen lo que se les exige. Esto hace maravillas en su autoestima y confianza en sí mismo.

Ayuda a vivir una vida de abundancia
El pensamiento positivo abre a un mundo de oportunidades. Cuando no está limitado por pensamientos negativos que le frenan, es más capaz de experimentar lo bueno en la vida. Cuando tenemos

pensamientos positivos, nuestra mente subconsciente registra eso como nuestra realidad y dirige nuestras acciones en sincronización con lo que cree que es real. Por lo tanto, nuestras acciones están en total armonía con las vibraciones de nuestros pensamientos, que a su vez dan forma a nuestro destino.

Sin embargo, brevemente, la Ley de Atracción establece que nos convertimos en todo lo que pensamos. Nuestro destino es largamente guiado por la naturaleza de nuestros pensamientos. Por lo tanto, los pensadores positivos son más propensos a experimentar una vida de abundancia y bienestar, mientras que los pensadores negativos están atrapados en sus propios procesos de pensamientos desafortunados que les impiden llevar una vida gratificante y satisfactoria.

Los pensadores positivos experimentan una vida llena de abundancia porque siempre están desviando sus energías para crear y encontrar soluciones. En lugar de operar desde un punto de vista más de "falta de", funcionan con un sentido de gratitud por todo lo que tienen, lo que crea aún más cosas buenas.

Conduce a carreras más gratificantes
Un currículum no es lo único cuando se trata de buscar trabajo y construir una carrera prometedora. Como era de esperar, aquellos que estaban firmes en la creencia de que las cosas buenas los esperaban encontraban trabajos más fácilmente que aquellos con una actitud

menos esperanzadora.

Todo se deriva de la diferencia de pensamientos. Cuando cree que está destinado al éxito en su carrera, sus acciones serán dirigidas constantemente en la dirección de las oportunidades y el pensamiento constructivo, lo que a su vez creará lo que creía en primer lugar. Desafortunadamente, esto también funciona de manera igualmente efectiva para el pensamiento negativo.

Los pensadores positivos y los optimistas tienen más razones para ser felices en sus trabajos, mostrar una mayor adaptabilidad para diferentes roles, experimentar relaciones más armoniosas en el trabajo y avanzar en su carrera debido a su mayor confianza en sí mismos.

Recuperarse se vuelve fácil

Cuando la vida les da limones, los optimistas hacen una refrescante limonada. Es menos probable que se vean afectados por los reveses en la vida. De hecho, estas personas van un paso por delante y utilizan los bloques de obstáculos como escalones para alcanzar el éxito y lograr aún más éxito. Experimentan menos estrés, ansiedad y miedo al cambio para enfrentar situaciones negativas con una mentalidad más positiva. Recuperarse es una segunda naturaleza. Nada puede detenerlos por mucho tiempo.

Los pensadores positivos muestran una sólida capacidad de recuperación cuando se trata de recobrarse de las dificultades y los fracasos. No permiten que sus circunstancias determinen el curso de sus vidas, ni los disuaden de sus objetivos. Hay una voluntad más fuerte para conquistar sus circunstancias y vivir la vida exactamente como la han imaginado.

Capítulo 3: Lo que los pensamientos negativos y positivos le hacen a su mente

Imagine estar en un área desierta y caminar solo. De repente, ve una serpiente deslizándose hacia usted. El momento en que ve la serpiente en frente de sí, su cerebro registra instantáneamente el miedo, algo que con frecuencia interpretamos como una emoción negativa. Cuando registra esa emoción, comienza a correr para salvarse de esa serpiente. La investigación muestra que las emociones negativas evitan que su cerebro tome una determinada acción y, en cambio, le hace comportarse de cierta manera.

En la situación en la que se encontró con

una serpiente, es posible que haya tenido otras opciones para enfrentar la situación, pero eligió escapar. Su cerebro rechazó las muchas otras opciones que tiene; como esconderse detrás de algo o recoger una piedra y optó por la opción que sintió que podría ayudarlo a escapar.

Eso sucedió porque está en la programación de su cerebro cerrar y limitar sus opciones tan pronto como registra una emoción que considera negativa. Las emociones negativas que experimentareducen el proceso de pensamiento y lo hace enfocarse solo en los negativos.

A diferencia de esto, los pensamientos positivos amplían y fortalecen su capacidad, algo que Barbara Fredrickson ilustró en el estudio que acabamos de discutir. Las emociones positivas amplían sus horizontes, lo que abre su mente y le hace pensar en muchas posibilidades. Cuando provoca una emoción positiva, no se comporta de una manera definida. En cambio, piensa en cosas diferentes; esto le hace pensar en posibilidades, que a su vez mejoran su conjunto de habilidades. Cuando sabe que puede hacerlo mejor, comienza a explorarse a sí mismo, a pensar en nuevas ideas y a pulir sus habilidades. Cuando piensa negativamente, esto se vuelve imposible.

Simplemente aprendiendo el arte del pensamiento positivo, puede construir su autoestima y confianza en sí mismo, lo que le dará el valor para curarse y empoderarse. Analicemos más de cerca cómo puede mejorar su vida si desarrolla la capacidad de pensar positivamente en todo momento.

Cómo el Pensamiento Positivo le da poder

El optimismo es sin duda la clave para lograr todos sus objetivos y dejar su marca en el mundo, y la Sra. Keller dice que, indudablemente, es la verdad. Hellen Keller solo tenía 19 meses de edad cuando perdió el poder de escuchar y ver después de una infección por fiebre escarlata. Aunque ella no podía oír ni ver, eso no le impedía creer en sí misma. Ella estaba segura de que aprovecharía al máximo su vida; ese optimismo la ayudó a obtener un título universitario.

Incluso después de obtener un título universitario, ella no se detuvo ahí: pasó a convertirse en una influencia significativa en la vida de las personas sordas y ciegas, y ayudó a muchos niños a aprender, estudiar y crecer. También es la orgullosa autora de 12 libros asombrosos y la editora de varios artículos notables.

Helen Keller logró todo esto gracias a su habilidad de pensar en positivo. Muchos de nosotros vemos ser sordomudo como limitaciones. La Sra. Keller no percibió su incapacidad para ver y oír como deficiencias o limitaciones. En cambio, percibió esta desgracia como una oportunidad para demostrar su valía a pesar de sus incapacidades y así lo hizo.

Esto es precisamente lo que el

pensamiento positivo puede hacer por usted. Si puede hacer maravillas por la Sra. Keller y muchas otras personas exitosas, también puede causar un efecto mágico en su vida.

Estos son los brillantes cambios y mejoras que puede disfrutar al mirar el mundo y su vida a través de un lente optimista.

Se empieza a valorar más

Si no se siente bien consigo mismo y no está satisfecho con ninguna de sus características, rasgos o cualidades, y se encuentra inadecuado, es probable que se devalúe y nutra una baja autoestima. La autoestima es cuánto te valoras o menos Naturalmente, si no tiene un gran respeto por sí mismo, no se defenderá cuando alguien lo humille, principalmente porque cree que lo que la otra persona está diciendo es correcto. Esto le hace sentir miserable, lo que a su vez arruina tu percepción de todo lo que le rodea. Cuando no se sienta feliz consigo mismo, es probable que tampoco le guste nada a su alrededor.

Si presta mucha atención a su proceso de pensamiento y su efecto en sus emociones, sentimientos y comportamiento, descubrirá que los pensamientos negativos enraizados en su mente son la causa de su baja autoestima.

Cuando piensa negativamente de sí mismo, alimenta una baja autoestima, que a su vez debilita su autoestima. Esto demuestra que sus pensamientos negativos son la causa de una baja autoestima. Imagina cómo se sentiría si se deshiciera de esos pensamientos negativos: ¡se sentiría increíble, verdad!

Naturalmente, cuando pensamientos positivos albergan en su mente, usted piensa en cosas buenas sobre sí mismo, lo que automáticamente aumenta su autoestima.

Cree en sí mismo

El pensamiento positivo no solo ayuda a mejorar su autoestima, sino que también aumenta su confianza. Cuando se valora, empieza a creer en cosas buenas sobre sí mismo, lo que acrecienta su fe en sí. Esto moldea su autoconfianza, lo que, por lo tanto lo alienta a seguir, establecer metas y perseguirlas.

Hacer esto es imposible cuando alimenta

una mentalidad negativa porque los pensamientos negativos siempre le hacen sentir incompetente e incapaz. Cuando nutre pensamientos como "Siempre seré un fracaso" o "Nunca podré probarme a mí mismo", es poco probable que rompa el capullo de la negatividad, lo que en esencia significa que permanecerá encerrado en esa cáscara para siempre. Solo a través de alimentar pensamientos positivos puede romper y escapar de la cáscara de la negatividad.

Los pensamientos positivos abren su mente, mejora su habilidad de pensar y le ayudan a explorarse. A medida que se explora, se vuelve más consciente de sus cualidades y fortalezas, lo que aumenta su autoestima.

Se vuleve determinado

El optimismo en verdad le hace poderoso. Aquí, ser poderoso no se refiere a tener fuerza física. Se refiere a su fuerza emocional y resistencia mental. Cuando desarrolla una actitud optimista, sabe que uno o dos contratiempos no lo definen o significa que no puede lograr sus objetivos. Cuando falla o no cumple con sus objetivos según lo planeado, no se sienta y suspire. Se levanta, lo intenta de nuevo y vuelve a golpear los obstáculos con más fuerza.

La capacidad de seguir persistiendo, perseverar en los momentos difíciles y tratar de lograr su objetivo hasta que los logre se llama agallas. Las agallas, según los expertos, son la herramienta número uno que necesita para alcanzar todo tipo de éxito en la vida y disfrutar del empoderamiento que desea.

Como se describió anteriormente, las agallas son algo que puede desarrollarse a través del arte del pensamiento positivo. Si se convierte en un pensador positivo, cultivará las agallas y se convertirá en el jefe de su vida.

Se vuelve creativo

El pensamiento positivo no solo lo hace útil, sino que también lo ayuda a liberar sus habilidades creativas. Cuando no se conforma con menos de lo que desea y se esfuerza por lograrlo, sigue intentando nuevas cosas mientras lucha contra todos los obstáculos que enfrenta en su viaje. Si una cosa no funciona, rápidamente prepara otra mezcla para solucionar su problema. Por lo tanto, esto refuerza sus habilidades creativas y le ayuda a ser más innovador.

Cuando desarrolla la capacidad de mirar fuera de la caja, nunca se conforma con menos de lo que quiere: sigue persiguiendo sus sueños y metas.

Como puede ver, la simple destreza de pensar positivamente puede transformarlo para mejor. Cuando se convierte en una persona mejorada, segura y madura, desarrolla la capacidad de dividir su vida de la manera que desea, lo que le ayuda a construir una vida empoderada.

Ahora que sabe cómo el pensamiento positivo puede potenciarnos, descubramos como puede fomentar ese hábito.

Capítulo 4: El poder del pensamiento positivo

El pensamiento positivo es un concepto que la gente dice todo el tiempo. Los profesionales de salud mental, así como gurús, con frecuencia aconsejan a los demás que se mantengan positivos, incluso cuando se encuentran envueltos en situaciones difíciles. Es fácil decir mantenerse positivo, pero puede ser un bastante difícil de hacer. En tiempos de caos, hambruna, calamidades y problemas, puede ser muy duro buscar el lado bueno. No obstante, es crucial tener una actitud mental positiva que lo lleve a esperar resultados favorables. Le permite ser más saludable, más feliz y más productivo.

Incluso si su nivel de optimismo no es tan alto, puede ayudarlo a alcanzar sus metas y objetivos.

El pensamiento positivo es un proceso que debe aprender y adoptar en su vida cotidiana. Cuando mantiene una mentalidad positiva, se fortalece para aumentar sus niveles de satisfacción y felicidad. Además, el pensamiento positivo puede ayudarlo a tener éxito. Puede intentar preguntarle a gente exitosa. Lo más probable es que le dirán que también ellos han experimentado adversidades que casi los hicieron renunciar. Pero no lo hicieron, porque tienen una mentalidad positiva.

Las personas exitosas, productivas y efectivas tienen una actitud positiva. Ellos saben lo que quieren. Están enfocados. Ellos no dejan que los tiempos parados obtengan lo mejor de ellos. Tiene que darse cuenta de que todos experimentamos adversidades porque nadie es perfecto. Todas las personas tienen problemas. Es posible que simplemente no note que otras personas están teniendo dificultades porque tienen una actitud saludable hacia su situación. Si se convierte en un individuo optimista, ya estará muchos pasos por delante de sus compañeros. El secreto para mantenerse positivo es tomar control total de sus pensamientos.

Tenga en mente que el éxito es el noventa por ciento como resultado directo de la forma que usa su mente. Los mejores atletas, personas de negocio y profesionales saben la importancia de usar su mente apropiadamente. Henry Ford, el fundador de la muy conocida compañía Ford Motor, dijo que tiene razón si cree que puede o no puede hacer algo.

A menudo, las personas fracasan incluso antes de comenzar una empresa. Esto sucede porque no usan sus mentes adecuadamente. Usan temores imaginarios, sentimientos negativos y fracasos pasados para ahuyentar sus sueños y metas en la vida.

Debe tener en cuenta que no hay un requisito previo para su éxito. Solo tiene que creer en sus habilidades. Tiene que esforzarse para convencerse de que tiene la capacidad de tener éxito en la vida.

No puede convencerse a sí mismo de que simplemente puede confiar en sus habilidades una o dos veces y luego hacer una diferencia real en su vida. Tiene que ser persistente y fiel en sus habilidades. Tiene que creer que puede hacerlo de verdad. Puede practicar contándose afirmaciones positivas todos los días. Luego, puede progresar para hacerlo cada semana, cada mes, y así sucesivamente.

Una vez que desarrolle este hábito, le será difícil detenerse. Una vez que llegue a un punto en el que ya confíe en sus habilidades, las energías de su cuerpo le darán prisa.

Su mente crea su mundo. Eso es un hecho. Puede probar esto mirándose. Piense en todas las cosas que ve, desde los accesorios de iluminación hasta los muebles en su hogar. Admira las plantas y los árboles, y las maravillas de la naturaleza. Recuerde que cualquier cosa que su mente conciba, puede crear.

Si piensa que las estrategias de pensamiento positivo son confusas, debe tratar de no hacer juicios rápidos hasta que intente utilizar el pensamiento positivo para sus elecciones de vida. Se sorprenderá con lo que descubra.

Pensamiento positivo y física cuántica

El pensamiento positivo y la física cuántica están interconectados. Incluso los más grandes filósofos de todos los tiempos, como Jesús y el Buda, han practicado el poder de la mente. La física cuántica es la causa de curiosidad para el Universo, así como el deseo de aprender cómo funciona científicamente.

Los investigadores de la física cuántica descubren continuamente que sus creencias y percepciones sobre la realidad pueden alertar a esa realidad para que se ajuste a una perspectiva particular. Muchos científicos ya han hecho experimentos con la esperanza de descubrir que los bloques de construcción básicos del Universo son ondas o partículas. Siguieron discutiendo sobre los resultados de los experimentos. Eventualmente, comenzaron a usar nuevas formas para sus experimentos.

Los científicos aprendieron que estos bloques de construcción básicos se convirtieron en partículas u ondas, pero solo en función de lo que los científicos esperaban que fueran. Por ejemplo, cuando los científicos querían que se convirtieran en partículas, se convertían en partículas. Cuando los científicos querían que se convirtieran en ondas, se convertían en ondas.

Puede aplicar el mismo principio a su propia vida. Lo que crea que sea su realidad, va a ser su realidad. Sucede así porque es lo que espera que suceda. Este es el propósito por el que muchas personas exitosas consideran sus mentes como su posesión más importante. Son conscientes del hecho de que sus creencias crean sus realidades.

Causas del pensamiento positivo

Cuando alberga pensamientos positivos en

su mente, su cuerpo libera energía positiva. Esto es bueno tanto para su salud mental como física.

A través del pensamiento positivo, puede aliviar el estrés y la tensión. La mayoría de las veces, las personas se absorben demasiado en su trabajo y se olvidan de relajarse. Sus agitados horarios les impiden tomar el tiempo para descansar y divertirse. Están consumidos por los problemas que tienen en el trabajo y tienden a llevar estos problemas a casa.

Este tipo de comportamiento es lo que afecta negativamente a sus vidas. Si se ve entre estas personas, tiene que cambiar su forma de pensar y sus hábitos de inmediato. De lo contrario, se encontrará en situaciones mucho peores. Preocuparse sin parar nunca es bueno. El estrés es perjudicial para la salud y puede aumentar los riesgos de enfermedades cardíacas, cánceres, presión arterial alta y diabetes, entre otras enfermedades.

Si está estresado todo el tiempo, varios aspectos de su vida pueden verse afectados. También puede hacer que se sienta frustrado y que pueda liberar su frustración a otras personas. Si hace esto con frecuencia, sus relaciones personales y profesionales pueden tensarse. No es aconsejable sacar sus sentimientos negativos hacia los demás. Puede terminar solo y ganar una reputación negativa.

Por otro lado, si practica el pensamiento positivo, desarrollará buenos hábitos sobre cómo lidiar con situaciones estresantes. A pesar del caos y la adversidad, mantendrá la calma y la racionalidad. También verá el lado positivo de la situación, no importa lo negativo que parezca. Debido a esto, podrá tomar decisiones razonables y sensatas.

En realidad, es cómo percibe las cosas que predicen el resultado de su vida. Incluso puede reducir el riesgo de problemas de salud mental, como depresión y ansiedad, si modifica la forma en que ve todo.

Además, el pensamiento positivo puede aumentar sus niveles de confianza y mejorar sus relaciones. A pesar de sus deficiencias, todavía tendrá la confianza suficiente para hacer las cosas que desea. Encontrará formas de cómo convertir sus debilidades en fortalezas.

Capítulo 5: Ejercicios para la positividad

Una vez que hayamos reconocido nuestra tendencia a pensar negativamente, podemos comenzar a tomar algunos pasos simples muy importantes para cambiar ese pensar. Primero, debemos aceptar que necesitamos cambiar nuestros patrones de pensamiento actuales y que somos más que capaces de hacerlo. Ya hemos visto que los pensamientos positivos apoyan nuestro bienestar. La ciencia ha demostrado esto en gran medida en muchas áreas, desde la salud hasta la longevidad, pero no necesitamos ciencia para mostrarnos eso. Creo que la mayoría de las personas son conscientes de que nuestros pensamientos negativos no nos permiten ser y funcionar mejor. También, a través de la experiencia en nuestras propias vidas, hemos sido testigos de lo mucho más atractivo y divertido que es estar rodeado de personas verdaderamente positivas que aquellos que están constantemente en un estado negativo.

Crea en que puede cambiar

Creer que puedes cambiar intencionalmente la forma en que piensas es a veces más un obstáculo para que los pensadores negativos puedan superar. Pueden reconocer que se puede hacer, pero de alguna manera se han condicionado a sí mismos para creer que el cambio positivo es algo que está más allá de sus capacidades; un regalo que otros tienen pero que ellos no han sido provistos. Si usted es una de esas personas, le insto a no rendirse. En su lugar, concéntrese en el hecho de que desea cambiar su forma de pensar y hacer frente a algunos de los ejercicios a continuación diariamente durante solo un mes. Estoy convencido de que si haces eso comenzarás a ver resultados.

Empiece desde el principio

Siempre trate de comenzar su día con un pie positivo. Antes de siquiera levantarse de la cama, mientras se encuentra en un estado de semi-vigilia, intente pensar en tres cosas por las que podría estar agradecido. Pueden ser tres cosas, e incluso si parecen indulgencias egoístas, no deje que eso le desanime. Enfóquese en cada una de esas tres cosas. Juegue con ellas en su mente hasta que tenga una idea de ellas. No use las mismas tres cosas todos los días, o el proceso perderá sentido y se convertirá en un mero ritual. Dependiendo de la firmeza que tenga para usted un pensamiento negativo, puede ser difícil al principio, pero dentro de una semana el ejercicio será más fácil porque su mente comenzará a buscar pequeñas cosas por las que estar agradecido a lo largo de cada día.

Sea consciente de la negatividad
A medida que se levante y comience su rutina diaria, entrene su mente para vigilar los pensamientos negativos. Tan pronto como vea uno, reemplácelo con un pensamiento contrario que sea positivo.

Muchos pensamientos negativos están volviendo a ocurrir. El mismo pensamiento continuará metiéndose en su pensamiento a lo largo del día. Incluso esto puede considerarse desde un punto de vista positivo porque cada vez que comienza el pensamiento negativo lo contrarrestamos con un pensamiento positivo diferente, de modo que puede estar seguro de que ha comprendido el problema y ha considerado todos los ángulos positivos en su contra.

Deje de catastrofizar
En lugar de catastrofizar e imaginar el peor de los escenarios para cualquier situación futura, ponga ese pensamiento en la cabeza y piense en el resultado más positivo y cómo lo manejaría.

Filtrar y polarizar

Estos son dos rasgos comunes que emplean los pensadores negativos que debemos evitar. Filtrar implica exagerar mentalmente lo negativo y minimizar lo positivo, mientras que polarizar implica pensar que las cosas son positivas o negativas sin nada en el medio. Todos hacemos un poco de ambos de vez en cuando, pero a medida que mejoramos nuestro pensamiento positivo y ahora somos conscientes de los rasgos, podemos superar estos procesos de pensamiento empleando los métodos por los que estamos trabajando.

Utilice la respiración

En cualquier etapa que sienta, el estrés busca el pensamiento negativo que casi definitivamente está detrás de él. Contrarreste ese pensamiento y enfoque la respiración lenta y profunda mientras lo hace. En cualquier situación de estrés, nuestra respiración se vuelve superficial y rápida en preparación para la respuesta de lucha o huida que hemos heredado de la naturaleza. La respiración lenta, deliberada y controlada ayuda a aliviar esto y envía más oxígeno al cerebro, lo que permite que se realicen procesos de pensamiento más razonados.

Alimente la mente

Alimente su mente con mensajes de autoafirmación y confianza. Las declaraciones de esta naturaleza pueden parecer inútiles, pero están alimentando su mente con pensamientos positivos y espacio de relleno que de otro modo podrían haber estado llenos de pensamientos negativos. A muchas personas les resulta beneficioso escribir declaraciones positivas durante el día. El acto físico de escribir que podemos hacer casi sin pensar ayuda a prolongar un pensamiento positivo que podríamos haber considerado menos si fuera simplemente a través de nuestros procesos de pensamiento.

Establezca lo positivo

Recuerde no solo tener pensamientos positivos, sino también hacer declaraciones positivas durante la conversación. Necesita comenzar a proyectar una persona más positiva. Simplemente pensar positivamente no es suficiente. Si desea obtener el beneficio completo de una mentalidad positiva, entonces debe ser visto por los demás como una persona positiva al interactuar en su vida diaria. Esto tendrá dos beneficios. Cuando se exprese, se concentrará en lo positivo y comenzará a inducir una atmósfera positiva entre quienes le rodean, lo que a su vez significa que se beneficia al ser parte de un entorno positivo.

Enseñe y ayude a los demás

Otra gran manera de generar positividad en sí mismo es enseñarlo a otros. Algunas de estas técnicas con las que está comenzando serían beneficiosas para sus hijos si las adoptaran temprano en sus vidas antes de que sus mentes se aferren demasiado a los pensamientos negativos. Una vez que le conozcan como una persona positiva, la gente comenzará a preguntarle cómo se las arreglas para ver siempre las cosas de manera diferente a la multitud, y podrá utilizar algunas de las técnicas que está aprendiendo aquí. Enseñarla no solo aumentará su estado, sino que también impulsará las imágenes positivas que desea inculcar en su personaje.

Muéstrese agradecido
Gratitud y positividad son dos caras de la misma moneda. Es casi imposible estar agradecido por algo sin ser positivo al respecto. Ha comenzado su día libre con una nota agradecida. Ahora busque cosas pequeñas para continuar agradeciéndoles

mientras avanza en su día. De repente, sus ojos se abrirán a un mundo completamente nuevo que siempre estuvo ahí pero a lo que sus sentidos se han vuelto aburridos. Apreciarlos y concentrarse en ellos solo un poco es una de las cosas más positivas que aprenderá a hacer.

Grandes beneficios físicos

Hemos visto cómo nuestras mentes pueden tener efectos positivos en nuestro cuerpo con respecto a la salud. Debido a que la mente y el cuerpo están estrechamente relacionados entre sí, hay cosas que podemos hacer físicamente que influyen en nuestra actitud mental. Salir de la cama media hora antes cada día puede tener un efecto dramático en su estado mental y en la cantidad que puede hacer. Por supuesto, algunas personas no son personas mañaneras, y el mero amago de tener que levantarse antes puede provocar un escalofrío. Creo que el aspecto físico de levantarse de la cama está relacionado con nuestro enfoque mental, y es por eso que he esperado hacia el final del libro antes de hablar del tema.

A medida que su pensamiento se vuelve más positivo, encontrará que ve las cosas tan diferentes en comparación con la forma en que solía hacerlo. Comenzará a ver los aspectos positivos incluso en cosas como levantarse antes. Lo mismo se puede decir para el ejercicio, y comer correctamente. A medida que se enfoca en lo positivo, el vínculo entre cuerpo y mente se hará más evidente y comenzará a inclinarse naturalmente para tomar decisiones más positivas sobre cómo trata a su cuerpo.

No estoy aquí para abogar por un cambio total en su vida, pero debe ser consciente y esperar el hecho de que, al reajustar la mente, eventualmente se verán cambios en todas las franjas de su estilo de vida. Al igual que yo, puede comenzar incluso a cambiar el material con el que alimenta su mente. Tiendo a ser desanimado por los libros y programas de televisión que ahora percibo como temas negativos.

Nunca fue mi intención cambiar en esas áreas; simplemente se ha convertido en una consecuencia de una mentalidad más positiva. Son simplemente adaptaciones sensatas que surgieron naturalmente como resultado de pensar en los beneficios positivos que tendrían esos cambios.

Capítulo 6: Cuando lo positivo puede ser negativo

Conceptos erróneos sobre el pensamiento positivo

Algunos pueden burlarse de la creencia en el pensamiento positivo y verlo como una especie de pseudociencia sin sentido. Aclarar este asunto es importante. Algunas cosas deben quedar claras sobre el pensamiento positivo:

- No implica algunos hechizos mágicos, rituales o poderes.
- No se trata de tener metas o expectativas poco realistas.
- Implica mirar las cosas de manera positiva, pero realista.
- El pensamiento positivo vade la mano

con la acción positiva.

Dicho esto, hay momentos en que no funcionará todo el pensamiento positivo en el mundo. ¿Sueno negativo en este momento? Estas son verdades que nos ayudarán a evitar tener expectativas irrazonables que solo nos frustrarán al final. Para avanzar hacia el éxito, es una acción positiva identificar y enfrentar los obstáculos.

Obstáculos para el pensamiento positivo
Negando sus miedos y no afrontando la realidad

Los pensadores positivos tienen el coraje de enfrentar sus miedos porque saben que debe hacerse para que ocurra un cambio positivo. Una persona que niega haber sentido dolor en su abdomen porque quiere ser "positivo" al respecto, puede terminar en la sala emergencias por una apendicitis o algo peor. Pensar en forma positiva significa mirar a la cara nuestro desafío y saber que podrá superarlos. El pensador positivo habría tenido un chequeo y sabría que podría tomar medicamentos y medidas para hacer todo bien.

Pensando en positivo pero no haciendo nada al respecto

Pensar en forma positiva no es soñar ni desear sin sentido, luego, sentarse a esperar a que le caiga en el regazo. El pensamiento positivo es saber que puede soñar y luego tomar medidas para lograr ese sueño. El sueño solo es posible con la acción positiva.

Creyendo que el pensamiento positivo significa que nada malo le sucederá

El pensamiento positivo significa enfrentar sus miedos y encontrar soluciones. Significa enfrentar la realidad de que pueden suceder cosas malas pero que al final estará bien. Esto significa que, los malos sentimientos a veces pueden ser desencadenantes para que podamos mejorar y para que desarrollemos soluciones a nuestros problemas. Significa que podemos tener esperanza a pesar de las pérdidas, obstáculos o dificultades que encontramos en la vida.

No saber lo que quiere

Si cree que solo puede sonreír y reír, pero no tiene ninguna visión o sueños, esto no es pensar de forma positiva. Los pensadores positivos tienen una visión clara y siempre están avanzando hacia sus objetivos al tomar pasos positivos para lograrlos.

Esperando que las cosas sucedan exactamente como usted quiere

Esperar que las cosas sucedan solo de la manera que usted quiere puede hacer que pierda el resultado positivo que desea. Es posible que haya soñado con una mansión, pero solo consiguió un apartamento y sintió que perdió el tiempo pensando positivamente. Los pensadores positivos son flexibles y reconocen las cosas buenas cuando vienen. Cuando las cosas no salen como se espera, los pensadores positivos no se revolcan en la decepción. Son flexibles y agradecidos por todas las grandes cosas que se les presentan.

Centrarse en lo negativo sin saberlo

Uno puede simplemente decir que son positivos, pero que no tratan realmente con los aspectos negativos de su vida. Puede haber emociones negativas que aún dominan sus pensamientos e impiden las acciones que le permitirá realizar para alcanzar sus metas. Puede decir: "Perdono a mi malvado y engañoso marido y ahora estoy pensando positivamente". Parece que la amargura y el dolor no se han tratado todavía. Este es un obstáculo para lograr el éxito.

Logrando un equilibrio

El pensamiento positivo no debe disminuir de ninguna manera nuestro deseo de alcanzar nuestros sueños. Debería impulsarnos y empujarnos hacia nuestros objetivos. Los obstáculos a la efectividad del pensamiento positivo tienden a ralentizarnos. La comprensión errónea del pensamiento positivo lleva a algunos a perder su impulso hacia el éxito. Algunos creen que el pensamiento positivo significa sentarse cómodamente para permitir que el universo libere lo que sea que deseen.

Para lograr un equilibrio, no debemos perder de vista el otro lado del pensamiento positivo, y eso es una acción positiva. Debido a que el pensamiento positivo promueve emociones felices y placenteras, tendemos a pensar que se trata de disfrutar y relajarse. Puede parecer desagradable, pero convertirse en un éxito al emplear un pensamiento positivo todavía, requiere que enfrentemos los obstáculos que se encuentran actualmente en nuestro camino y diseñemos pasos concretos para superarlos. Sin embargo, el pensador positivo tendrá a su disposición los beneficios de una mente más clara, más aguda, más motivada y creativa, así como un cuerpo más sano, más energético.

Capítulo 7: Cómo resolver los problemas personales

Nuestra debilidad es nuestra falta de técnicas profundas de resolución de problemas. Tenemos la noción de que si la medicina no puede curarla, entonces, no se puede arreglar. Esta mentalidad de corrección inteligente ha dado lugar a industrias multimillonarias de drogas. El problema es que compramos sabiendo que el problema que estamos tratando de curar solo puede resolverse mirando más profundo.

Como seres humanos, tenemos ese problema subyacente que nos tortura regularmente. A menudo, escondemos este problema. Estos problemas pueden ser adicciones, ansiedad, celos, inferioridad, comer en exceso y mucho más.

- **El camino a seguir**

La verdadera solución comienza cuando se acerca al problema. Sin embargo, muchos de nosotros esperamos una solución mágica o un remedio instantáneo, y cuando no lo encontramos, nos rendimos fácilmente. Además, no revelamos la verdad a aquellos que quieren ayudarnos y abordar el problema con negatividad.

- **Dele respeto al problema**

No odie al monstruo, ni trate de matarlo porque ha sobrevivido lo suficiente a pesar de que intente eliminarlo. La verdad es que puede volverse aún más fuerte a medida que se resiste. Tome tiempo y piense en ello.

- **El problema es su mejor maestro**

  En el momento en que acepte que el problema interno es su maestro, el cambio comenzará. Si solo escucha, se dará cuenta de que tiene mucho que aprender de su problema interno.

- **Evite buscar una bala mágica.**

- **Investigue lazos subyacentes**

  Esta es la causa. Nadie prefiere encontrar un problema, pero cuando lo tiene, es el único responsable. Además, debe saber que le será difícil identificarlo.

- **Tenga alguien con quien hablar**

  No se sienta avergonzado ni asustado.

Comparta su problema con alguien que ha experimentado lo mismo. Compartir el problema atrae soluciones.

Conclusión

Ha leído lo que necesita para desarrollar su confianza en sí mismo, su autoestima y cómo resolver problemas personales entre otras cosas. Para que esta información sea útil y efectiva en su vida, no se limita a leer este libro. Es hora de que aplique lo que ha aprendido y lo practique para una vida mejor y plena, llena de felicidad.

No importa a lo que enfrente en la vida, enfóquese en su energía, reconozca y busque el bien en todo lo que sucede. Todos sabemos que cambiar todo lo que ha aprendido y adquirido en esta vida no es tan simple. Sin embargo, es su deber intentarlo, ya que nada es fácil. En lo que sea que haga, esfuércese por tener una mente pacífica, satisfacción y una conciencia interior de las cosas simples de la vida que tienen un gran impacto en nosotros.

¡Ser feliz es su elección y solo suya! Puede parecer un amor duro, pero no es más que un recordatorio de que lo que quiera en la vida está dentro de sus posibilidades. En el momento en que haga que su felicidad se base en factores externos, por ejemplo, otras personas, no tendrá el control de su vida, otras lo harán. Hágase una prioridad en esta vida.

Se sentirá feliz cuando se dé cuenta de que ha hecho un esfuerzo por mejorar. Rara vez nos tomamos el tiempo para apreciar lo que hemos logrado. No hay nadie en esta tierra que nunca haya logrado nada;

estamos demasiado atrapados en la vida para realizarlos.

www.ingramcontent.com/pod-product-compliance
Lightning Source LLC
LaVergne TN
LVHW011949070526
838202LV00054B/4862